米莱知识宇宙

启航吧知识号

画给孩子的山海经

山海神话

米莱童书 著绘

北京理工大学出版社
BEIJING INSTITUTE OF TECHNOLOGY PRESS

目录

山海经

无情的英招

山海经

槐江山是一块宝地。丘时水从这里起源，向北流注于泑（yōu）水。山上有很多琅玕（láng gān）、黄金、玉石，向阳面还有很多丹沙。
这附近住着两个神人——英招和天神。英招替天帝主管槐江山的事务，而可恶的天神则常率领着魑魅魍魉（chī mèi wǎng liǎng）四处挑起战争。
每每有妖魔鬼怪为祸人间，大家便呼唤英招前来驱赶。
发光
天神对英招既害怕又不满，总想趁着他不在，做些坏事。

这段日子，英招奉天帝之命巡游四海。他刚一走，天神和鬼怪们就蠢蠢欲动了。
在天神的带领下，各类鬼怪降临人间，蛊惑人心，挑起无数争斗！
大战之后，尸横遍野，百姓们苦不堪言……
英招，救救我们吧！
民众们苦不堪言，知道是天神在作祟，便来到槐江山，恳求英招出山驱赶鬼怪。
可是，正在外面巡游的英招又怎么能听到百姓的求救呢？大伙儿呼唤了一整天，也没能把英招请下山来，只能失望而返。
怎么样，英招请来了吗？
唉，求了一天，也没见有个回应！

看着大伙儿垂头丧气的样子，一个叫阿夏的少年站了出来。
能不能找人假扮英招，传天帝旨意，赶走天神和那些鬼怪呢？
听到他的话，大伙儿都吓了一跳！
万万不可！假扮神明传递旨意，被天帝知道了，是要遭雷劈的呀！
是啊，孩子，可别做傻事！
如果牺牲我就能救更多人，那我宁愿接受上天的惩罚。
虽然受到了阻拦，但阿夏想着被战争害死的百姓，还是很想试试。
于是，这天夜里，阿夏偷偷地做起了准备。
嗯，这样就很像了。

这天夜里，天神又想故技重施，却在村口看到了一个熟悉的身影！
看到这群鬼怪，阿夏壮着胆子，掏出假造的圣旨，学着英招的语气，粗着嗓子念了起来。
天神听令！天帝知道你在这里为非作歹，非常生气！命你速速离开此地，否则将让你万劫不复！
是英招，我们的事败露了！
跪拜
还不快滚！
逃跑
是是是！

你胆敢冒充我的身份，假传天帝旨意！
见到天神逃窜，阿夏开心地笑出了声！可是，就在这时候，一道金光从云端洒下，罩住了他。
村民们听到动静，都急忙赶来。只见阿夏双臂被铁索吊着，缓缓升向天空。大伙儿都哭了起来，大声为他求饶。
神啊！这孩子是为了救全村人的性命，才做出这等傻事的！请您饶他一回吧！
呜呜呜，放下阿夏哥哥，放下阿夏哥哥！
英招并没有因为众人的呼喊而大发慈悲，反而加快了脚步。阿夏眷恋地回头望了一眼这个生他养他的村庄，闭上了眼睛。
你，你这个坏神！天神害死好多人的时候你不来抓他，阿夏哥哥救了我们，你却把他抓走了！你，你就是是非不分，我再也不崇拜你了！
天神作乱，自有天庭管教。哪里轮得到尔等自作主张？再要多言，连你也一起抓了！
在源远流长的历史长河中，和阿夏一样挺身而出，为民众谋福祉的人有很多很多。也许，他们不会被某些所谓的“神人”所理解；也许，他们甚至不会得到一个好的结果。可是，普通大众会记得他们，孩子们会以他们为榜样，百姓们会世世代代传唱着歌颂他们的歌谣。

英招

山海经·西山经

实惟帝之平圃，神英招①司之，其状马身而人面，虎文而鸟翼，徇②于四海，其音如榴。

样貌 威严

性格 公正

天赋 飞行

天神

山海经·西山经

有天神焉，其状如牛，而八足二首马尾，其音如勃皇③，见则其邑有兵。

样貌 怪异

性格 邪恶

天赋 善战

---

① 英招（sháo）：上古传说中的神名。② 徇：周行。

③ 其音如勃皇：指天神的声音就像吹奏管乐时乐器的薄膜震动声。

本性难移

山海经

在遥远的钟山，有一位山神。他有一个不肖子，叫鼓。鼓长着人的面孔和龙的身子，每天凭借着父亲的威望欺压民众，为非作歹。

俗话说，物以类聚，人以群分。鼓也不例外。善良的天神他一概不肯结交，偏偏最喜欢和生性狡诈的钦䲹一起玩。
兄弟，听说你这瓶里藏有西王母的不死药，赠我两粒，也让我尝尝鲜！
我奉命看守这不死药，怎能随便赠人！
钦䲹为人阴狠，很爱记仇。他听说昆仑之阳的葆江掌管着不死药，便想讨一些来服用。被葆江断然拒绝后，阴险的钦䲹便怀恨在心。
有了，找我的兄弟鼓来帮忙！
钦䲹的神力不及葆江，没办法强行夺走不死药。于是他眼珠一转，想到了鼓。

恶毒的钦鸡来到钟山，开始挑拨鼓和葆江的关系。
听说葆江掌管着西王母的不死药，我原本想找他要几粒来和你分享。谁知那老小子好不通情理，却被他给数落了一番！
他说什么了？
说起来真可气！那老小子大言不惭，说什么就凭咱俩的这点道行，根本不配吃他的仙药！他说我也就算了，偏偏又把你骂了一顿，说什么你凭着你爹的势力为非作歹，是这天上地下的第一不肖子……
什么？他敢这么说！
扔

葆江！将不死药交出来，我就饶你一命！
被激怒的鼓跟随着钦鸡来到昆仑之阳，找到了正在炼丹的葆江。
我说过了，不死药是西王母托我保管的，不能轻易相赠！
葆江见又是钦鸡，不由得十分恼怒。
少跟他啰嗦！开口西王母，闭口西王母，今天我倒要看看西王母救不救得了你！接招——
钦鸡还要斗嘴，鼓却已经迫不及待地动起手来。
砍
只见鼓一个摆尾，铁鞭一样的龙尾直扫葆江！

葆江不愿打斗，抽身欲走。然而鼓却不依不饶，龙爪又挥了上来。
葆江忍无可忍，厉声呵斥！
够了！我看在你父亲的面子上才忍你几招，你不要得寸进尺！
还敢提我父亲！
葆江还要劝告，突然腰间传来巨痛，顿时全身乏力！

被钦䲹偷袭的葆江倒在地上！
倒地
咱们……不是说好了给他个教训就行吗？
已经惹怒了他，要是他不死，死的就是咱们了！再说了，你不想吃不死药了吗？
揉
在钦䲹的鼓动下，鼓和他一起将死去的葆江掩埋起来，又分食了不死药。

葆江的失踪引起了各路神人的猜测。就在大家议论纷纷时，有人发现葆江的玉瓶竟落入了鼓的手中。
哈哈，那老小子到死都不知道是谁杀了他！
他那法器还挺好用的，听说用来保存丹药，千年万年都不会腐坏呢！
这两人还以为做的坏事天衣无缝，便聚在一起庆祝起来。
殊不知，他们的所作所为已经被天帝得知，天帝大为震怒，便将这两个狼狈为奸的坏家伙抓到了钟山。
咔
将钦䲹和鼓押回钟山后，在众目睽睽之下，天帝用雷电处死了二人！

然而，令天帝没想到的是，这两个本性难移的坏家伙，在死后依然不肯安分。鼓化为一只牙尖爪利的䳢鸟，嘶鸣着扑向天际，一出现便给人间带来大旱；而钦䲹则化为奸诈的大鹗，每次降临人间，都会挑起战乱。

鼓

山海经 · 西山经

又西北四百二十里，曰钟山，其子曰鼓，其状人面而龙身，是与钦䲹①杀葆江②于昆仑之阳，帝乃戮之钟山之东曰䍃崖③。钦䲹化为大鹗④，其状如雕，而黑文白首，赤喙而虎爪，其音如晨鹄⑤，见则有大兵；鼓亦化为鵕鸟⑥，其状如鸱⑦，赤足而直喙，黄文而白首，其音如鹄，见则其邑⑧大旱。

样貌 怪异　**性格** 凶残

天赋 致旱

①钦䲹（pí）：神名。②葆（bǎo）江：神名。③䍃（yáo）崖：地名。④大鹗（è）：鸟兽名。⑤晨鹄（hú）：鸟兽名。⑥鵕（jùn）鸟：鸟兽名。⑦鸱（chī）：鸟兽名。⑧邑：人们聚居的地方。大曰都，小曰邑。

钦䲹

山海经·西山经

样貌 丑陋

性格 狡诈

天赋 欺哄

葆江

山海经·西山经

样貌 和善

性格 宽厚

天赋 看管

知错能改

山海经

美丽祥和的昆仑山，是天帝在人间的园圃。

仙山附近大小事宜，皆由天神陆吾掌管。陆吾长得像一只老虎，也确实如同老虎一般勇猛无敌。
这天，天帝传旨，过几天要来园圃游玩。陆吾便匆忙准备起接驾的诸项事宜来。然而，就在这时候，却传来了一个不好的消息。
大将军，大将军，不好啦！
什么事？别慌，慢慢说。
山下来了两个惹事的家伙，我们打不过它们。那两个家伙还嚷嚷着，要大将军你把昆仑之主的位置让给它们呢！
什么？有这等事！是两个什么样的家伙？
一个头上长着四只角，力大无穷，把我的矛都拧弯了。
是的，是的！还有一个会蛰人。我差点被叮了一口！

哈哈，不用害怕！待我去降服这两个不知天高地厚的东西。
陆吾听了这话，哈哈一笑。
叫你们老大出来迎战啊！
哈哈，该不是怕了我的毒针了吧？
正在兔子和松鼠赶去报信时，它们口中的两个怪物——土蝼和钦原，已经迫不及待地打上山来了！
休得放肆！
就在两个怪物得意洋洋时，一道浑厚的声音从山顶响起。
土蝼和钦原齐齐回头，只见一头巨大的“老虎”出现在山顶！
哥，这陆吾看着不好惹啊。
稳住。你哥我这四只角可不是白长的。
土蝼和钦原第一次遇到如此威猛的对手，一时有些发怵。但它们也只是稍微慌乱了一下，就连忙稳住了阵脚。

陆吾走到两个怪物面前，冷笑一声。
你们俩有什么本事，敢来昆仑山闹事？
哼，我的角坚硬无比，能划开猎物的肚皮；我的牙齿比刀还锋利，能咬下猎物的头颅！
土蝼一听这话，顿时打开了话匣子。
看到我的毒针了吗？哼，我这针扎人人死，扎树树枯，就是扎到神仙，也得疼上三个月呢！
钦原也不甘落后，张开翅膀，亮出尾针。
哈哈，很好！你们俩还算有点本事。这样吧，只要你们能伤得着我，我这昆仑山之主的位置就让给你们了！
听了它们俩的自吹自擂，陆吾哈哈大笑。
一言为定！

做出约定后，钦原抢先上阵！只见它急速俯冲，将尾针用力扎在陆吾头上。
哦
当
陆吾的皮肤硬得像铁一样，钦原压根扎不透！
钦原还不服气，翻身要再来一次！
不行，刚才没准备好。再来！
飞起
啾
啪
砰
陆吾可没耐心再来一次！只见他大掌一挥，一下将钦原给拍扁了！

看到钦原被揍，土蝼开始进攻。只见它大喝一声，前蹄加速，低着头，亮出四只角，向陆吾顶去！
敢欺负我的兄弟！
陆吾半点不慌，一个闪身躲过土蝼的攻势。
躲开
陆吾飞速伸爪，拽住土蝼的两只角，一把将它举起！

土蝼被重重摔到了地上，惨叫一声！
摔出
砰
服气了？愿意改邪归正了？
呜呜呜，我们再也不敢为非作歹了……
很好，那就跟着我做个随从吧。
我们听老大的话。

收服了这两个妖兽后，陆吾紧锣密鼓地安排起接驾的事情来。虽然时间所剩不多，但好在添了两个得力干将，帮他干了不少活儿。
谁来把这块碍事的石头弄走！
我来！
这边有可口的仙草和果实，快来采呀！
很快就到了天帝下凡的日子！
昆仑山上，陆吾也已经准备停当，带领着所有动物列队迎接。鹑鸟们准备了各色各样的华服，预备给天帝更换；钦原也率领大家采集了许许多多的沙棠和蒉草，预备给天帝品尝。

陆吾

山海经·西山经

西南四百里，曰昆仑之丘，实惟帝之下都，神陆吾司之。其神状虎身而九尾，人面而虎爪，是神也，司天之九部及帝之囿①时。

样貌 威武

性格 严厉

天赋 统管

土蝼

山海经·西山经

有兽焉，其状如羊而四角，名曰土蝼，是食人。

钦原

山海经·西山经

有鸟焉，其状如蜂，大如鸳鸯，名曰钦原，蠚②鸟兽则死，蠚木则枯。

① 囿（yòu）：帝王用来畜养禽兽的园林。② 蠚（hē）：毒虫咬刺，蜇痛。

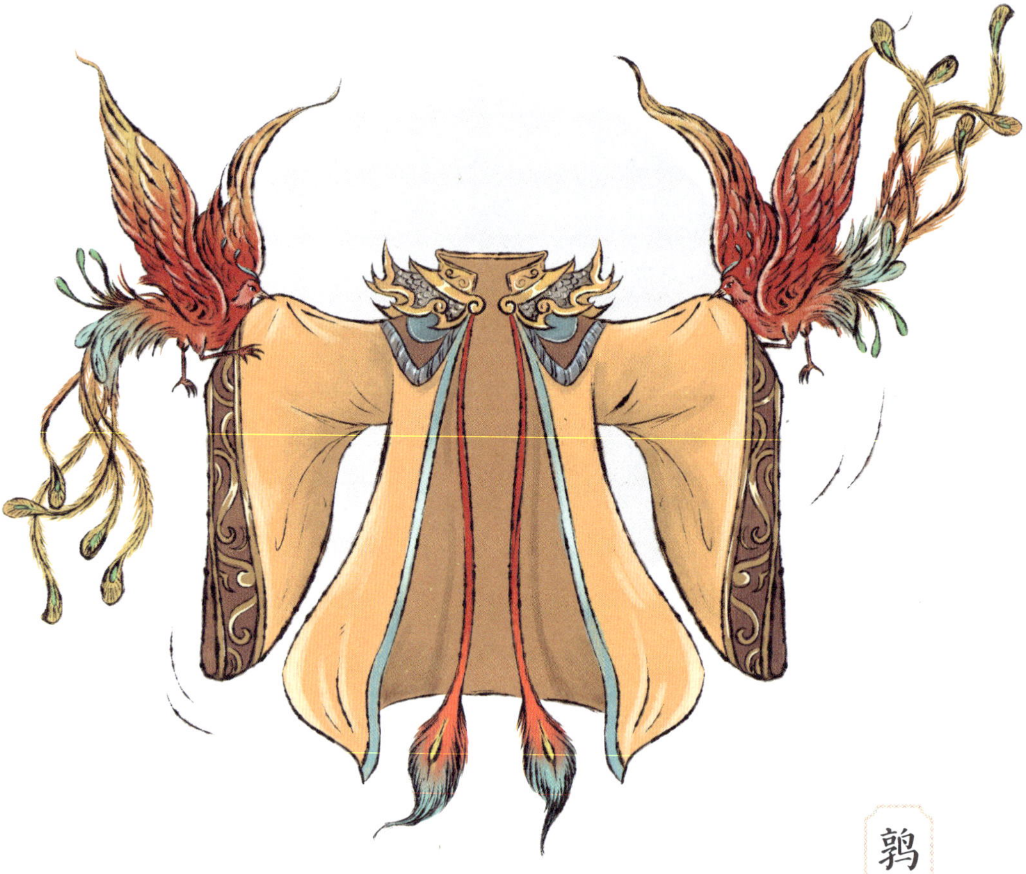

鹓鸟

山海经·西山经

有鸟焉，其名曰鹓鸟[①]，是司帝之百服。

①鹓鸟：传说中的赤凤。

沙棠

山海经·西山经

有木焉，其状如棠，黄华赤实，其味如李而无核，名曰沙棠，可以御水，食之使人不溺。

𬞟草

山海经·西山经

有草焉，名曰𬞟[1]草，其状如葵，其味如葱，食之已劳。

① 𬞟（pín）：草名。

娥皇女英

山海经

上古时期的尧，是一位贤明的君王。他有两个美丽聪慧的女儿——娥皇和女英。
日渐衰老的尧帝，想的最多的就是关于继承人的问题。在他看来，自己的儿子当中，没有一个有帝王之才。
首领之位该传给谁呢？
大首领，这位是舜，是个品德高尚的人，可以重用！
就在这时候，有人向尧帝举荐了一位品德高尚的年轻人——舜。
见过大首领！
你们嫁给舜之后，要多多留意他的言行举止，看他适不适合做我的接班人。
知道了，父亲。
在对舜进行了初步考察后，尧帝决定将两个女儿嫁给这个勤劳能干的青年。他嘱咐两个女儿仔细地观察舜的品行。

娥皇和女英嫁给舜之后，勤俭持家，从不因为自己出身高贵而表现得傲慢无礼。舜擅长奏琴，夫妇三人常常一同演奏音乐。
夫君演奏得真好！
有什么了不起的！
然而，舜的幸福却引来了别人的嫉妒。原来，舜的母亲早死，他的父亲瞽叟（gǔ sǒu）又娶了新的妻子，生下弟弟象。父亲和后母偏爱幼子象，象也事事都和舜攀比。当象看到尧帝对舜青眼有加，不仅赏赐了许多财物，还将两个女儿下嫁与他后，心中十分嫉恨。
我不管，我不管，哥哥有的，我一定要有！
行吧，随你们的意吧。
就是，我们象哪里比不上舜了？舜是你的儿子，难道象不是吗？
被嫉妒扭曲了内心的象回家和父母商量，想要将舜置于死地，然后占有他的一切。瞽叟犹豫了一会儿，却经不住后妻和幼子的吵嚷，终于同意一同谋害舜。
于是瞽叟命令舜去修补粮仓顶部，打算趁着他爬上仓顶时放火将他烧死。
粮仓的顶破了，你上去修一修。
好的，父亲，我这就去。

夫君，请带着这两个斗笠上去，以防不测。
但是，聪明的娥皇和女英识破了瞽叟和象的诡计。她们没有直接揭穿这个阴谋，而是贴心地给舜准备好了后路。
父亲，您这是做什么？
舜爬上仓顶，却被父亲和弟弟抽走了梯子。舜看到他们开始点火，大惊失色。
我的妻子们可真是未卜先知呀！
可怜的舜万万没有想到会被亲生父亲谋害。万般紧急之时，他撑着妻子们给他准备的两个斗笠，像鸟儿一样从仓顶飞了下来。
象的阴谋没有得逞，非常气愤。他纠缠着父亲，想再一次对舜下手。
这次咱们把他骗到井里去！
好吧。
不过，这一次舜有了防范。他知道父亲要让自己挖井，便和两位妻子一起，连夜在井旁边挖出一条暗道。

果然，第二天瞽叟将舜骗到井底后，
便伙同小儿子一起将井填上了！
将井填平了之后，象得意洋洋地分配起了属于舜的东西。
我儿真孝顺！
这主意是我想出来的，我的功劳最大。两个嫂嫂和琴归我，牛羊和粮仓就留给爹和娘吧。
象无所顾忌地走进舜的房间，开始摆弄他的琴。
哼，现在这一切都是我的了！
弟弟，你为什么在我屋里胡乱摆弄我的琴？
啊，我……我正在思念你呢，哥哥。
就在这时候，舜从屋外走了进来。象大惊失色，连忙找了个借口溜走了。
象慌忙离去后，舜终于没忍住，流出泪来。
为什么我的亲人要这样对我？

然而，纵使受到了这么多不公的待遇，舜依然没有任何激进的报复行为。在努力自保的前提下，他竭力尝试着用爱与宽容来化解父母和弟弟对他的恶意。

而娥皇和女英也在与他的日日相处中，看到了他忠厚的品行。于是她们告诉尧帝，舜的确是一个既有能力又有品德的人。尧帝欣喜于自己找到了接班人，便让舜跟随自己学习治理天下，又在时机成熟时将帝位传给了他。

舜继承了帝位以后，封娥皇为后，女英为妃。贤明的舜为百姓做了许多实事。他选拔贤能，远离奸佞，公正司法，教化百姓，并发展水利和农业。他在位期间，四夷归服，四海称颂，各种祥瑞也纷纷出现。

舜在位多年，政治清明。但他依然没有安享太平，而是想去更远的地方巡视，多了解一些民间疾苦。于是他踏上了南下的道路。
路上千万要小心呀，夫君。
早日归来呀，我和姐姐等着你回来！
我会尽快回来的。等着我！
姐姐不用难过，我们一定会找到夫君的！
可是，舜出行了很久很久也没有回来。娥皇和女英苦苦等待了很长时间，于是决定沿着他走过的路去找他。
南下的道路多么艰难啊！可是一想到很快就要见到舜，两姐妹便不觉得有多苦了。
老翁，您知道舜帝的行踪吗？
你们打听舜帝啊？唉，说来令人伤心。他受不住长途奔波，已经病死在九嶷（yí）山了！
然而，当她们不远万里赶到湘江之畔时，却从当地人口中得知了一个不幸的消息。

惊闻噩耗的姐妹俩痛哭失声。她们回想起往日的情义，无法接受舜已经去世的事实。湘江边的翠竹被二人的泪水沾染，留下了斑斑点点的泪痕。

泪尽而亡的娥皇女英两姐妹，化作了湘水边的女神。每每她们出入洞庭山时，附近总会刮起狂风，下起骤雨。风中哀声切切，好似她们还在为舜帝悲伤痛哭一般。

山海经·中山经

帝之二女居之，是常游于江渊。澧沅[1]之风，交潇湘之渊，是在九江之间，出入必以飘风暴雨。

娥皇

样貌 端丽

天赋 降雨

性格 贤淑

女英

样貌 秀美

天赋 降雨

性格 聪慧

①澧沅（lǐ yuán）：江水名。

凶残的凿齿

山海经

昆仑山是天帝在下界的都邑。这地方花木繁盛，一片祥和。许多部族在附近安顿下来，希望能沾染一点仙气。
有天神陆吾主管，各路恶鬼邪神不敢来此放肆。然而这段日子，却来了一个似人非人的怪物！这家伙长着凿子般的牙齿，见人就吃，十分可怖。
那凿齿力大无比，你和它交战，要多多小心。
多谢提醒，不过我的弓箭可不是吃素的。
陆吾和这怪物斗了几个回合，没能将其制服。于是他呈报天庭，希望上天能派人来制服这个怪物。诸神经过一番商议后，决定让羿去凡间走一遭。
两人来到昆仑山南面，正遇上一伙逃难的灾民。
大伙儿都在逃命，看来那怪物就在附近。

羿拦住了一个逃亡的青年，问起凿齿的下落。
你们刚才看到凿齿了吗？它在哪儿？
就在山的东面，它……它刚将我们族长吃掉了！
羿听了这话，大为愤怒，发誓要将凿齿铲除。
陆吾，你带着大伙撤远些，我去取那畜生的性命！
千万小心！
羿来到昆仑之东，看到吃饱喝足的凿齿正枕着一块巨石晒太阳。
愤怒的羿朝凿齿发起了进攻！
孽畜，今天我要替枉死的人报仇。拿命来！

长矛一下就折断了，羿大吃一惊！

就在此时，凿齿持戈向羿攻来！
受死吧！
羿向后一躲，堪堪躲过这致命一击！
唰
碎
不等羿喘过气来，凿齿又是迎头一击！
裂开
这畜生好大的力气！不能硬攻，只能智取！

想好计策后，羿一个后撤，催马便跑！
好厉害！
凿齿见羿不敌逃走，嘶吼着扑上来，要将他撕成碎片！
哼，受死吧！
羿伏在马背上偷偷往后瞄，眼见凿齿追了上来，便悄悄张弓拉箭！

羿猛地回头，一
支利箭射出！
啾
啪
来不及躲避，惊恐的凿齿被灌注了神力的金箭射穿了胸膛！它疼得大叫起来！

砰
巨大的凿齿倒下了，整个昆仑山都为之一震！
陆吾带着民众没走多远，便听到凿齿痛苦的叫声和倒地的巨响。
一定是羿将它杀死了！
咱们回去看看！
刚射杀了凿齿的羿还没来得及喘口气，就被蜂拥而至的民众抬了起来。
陆吾，你还笑，快救我下来！
大英雄！
羿，真厉害！
救星啊！

羿

山海经·海外南经

羿与凿齿①战于寿华之野，羿射杀之。在昆仑虚东。羿持弓矢，凿齿持盾。一曰持戈。

样貌 英武　性格 勇猛

天赋 射箭

凿齿

山海经·海外南经

样貌 丑陋　性格 凶残

天赋 厮杀

① 凿齿：传说中的人物，牙齿有五六尺长，形状像凿子。

大乐之野

山海经

大禹在年迈时，将王位传给了伯益。
冲呀！
此事让大禹的儿子夏启非常不满。他纠集军队，推翻了伯益的统治。
夏启登上了王位，可是很多人并不臣服，纷纷叛乱。面对这样混乱的局面，夏启非常头疼，于是准备在大乐之野举办一次盛会，来彰显自己的权威。
一天，夏启在半梦半醒之间，看到一阵白烟从门外飘入。
一位神人出现在夏启面前，神人告诉他，天帝邀请他去天庭赴宴。
可是我没有神力，如何上天呢？
无妨，随我来。

夏启跟随神人，穿过层层云雾来到天上。
一路上，他看到众神仙载歌载舞，和谐欢畅。
终于，夏启见到了传说中天帝居住的宫殿。

在天宫的宴舞中，夏启听到了美妙的《九辩》与《九歌》。
不同的人听到相同的音乐，会产生同样的感情。你可以用这一点来治理百姓。
原来如此。
酒过三巡，天帝告诉夏启，可以用音乐团结众人，而不一定要靠武力去征服。
天哪，大王到底去哪儿了？已经三天三夜不见人影了！
大乐之野的大会很快就要开始了，要是让各部落的首领们知道大王失踪的事情，那还了得！
就在夏启受邀到天庭赴宴时，他的侍从们发现他不见了，十分着急。即将开始的大会可少不了他！
这时候，一个机灵的小侍从出了个主意。
有了！咱们一边派士兵去寻找大王，一边拖住众人，实在不行就谎称大王生病了，不能出席盛会。
大伙儿无计可施，只能采用这个办法。
也只好如此了。

大会即将开始，但夏启还是没有出现。终于，在大乐之野等待着的部落首领们开始不耐烦了！
我们大老远跑来参加大会，可大王却连面都不露！
简直没把我们放在眼里！
眼看众人躁动不安，侍从们也慌了起来。
大家稍安勿躁，再耐心等待片刻！
既然如此，我们直接去请大王如何？
我看行，快带路，我们要亲自去请大王出席！
正当侍从们急得团团转的时候，突然有人指着天空大叫了起来。
快看！那是什么！
所有人纷纷抬头，只见两条长龙张牙舞爪，拉着夏启的车辇腾云驾雾而来！
是大王！是大王回来啦！
这夏启还真有点本事，咱们不服不行啊。

夏启带着仙娥和乐队，演奏着天宫的乐曲，飘然而至。

在天籁之音的感染下，众人的心情都舒缓起来，心中充满了对夏启的爱戴之情。众人自此心服口服地承认了夏启的王位。

夏启

山海经·大荒西经

西南海之外，赤水之南，流沙之西，有人珥①两青蛇，乘两龙，名曰夏后开。开上三嫔②于天，得《九辩》与《九歌》以下。此天穆之野，高二千仞③，开焉得始歌《九招》。

山海经·海外西经

大乐之野，夏后启于此儛④《九代》，乘两龙，云盖三层。左手操翳⑤，右手操环，佩玉璜。在大运山北。一曰大遗之野。

样貌 英俊

性格 沉稳

天赋 统领

①珥（ěr）：（耳朵上）佩戴。②嫔：通“宾”。宾天，就是到天帝那里做客。③仞（rèn）：古时的计量单位，七尺或八尺为一仞。④儛：通“舞”。⑤翳（yì）：用羽毛装饰的伞盖，是一种仪仗。

坚韧不拔的刑天

山海经

在遥远的上古时代，炎帝神农氏和黄帝轩辕氏曾展开过一场争权之战。

双方在阪泉大战了三次，最终以黄帝大获全胜而告终。但黄帝并没有为难炎帝，而是劝说他将两个部落合二为一，共同治理。
我们两个部落合二为一后，将成为这片土地上最强大的部落！

炎帝虽然臣服，但他的一个部下却依旧不服，宁死不肯追随黄帝。这名叫刑天的大将联合蚩尤部落，誓要和黄帝决一雌雄！
斩杀轩辕氏，夺回我们的土地！

众人正在饮庆功宴，突然远处厮杀声不断，宫室震荡不安。
谁在喊叫?
什么声音?
不要慌！随我出去看看！
刑天杀至常羊山，只见黄帝率众居高临下俯视着自己。
轩辕氏！敢与我决一死战吗?

黄帝大手一挥，两支队伍从山侧杀出，与刑天的部从战在一处！
跃起
混战之际，刑天手执干戚，三两步踏上山巅，攻向黄帝！
砰
伴随着一声脆响，黄帝举斧钺（yuè）接住了刑天的当头一击！
唰
黄帝与刑天越战越激烈，招式变换迅速，胜负难分！

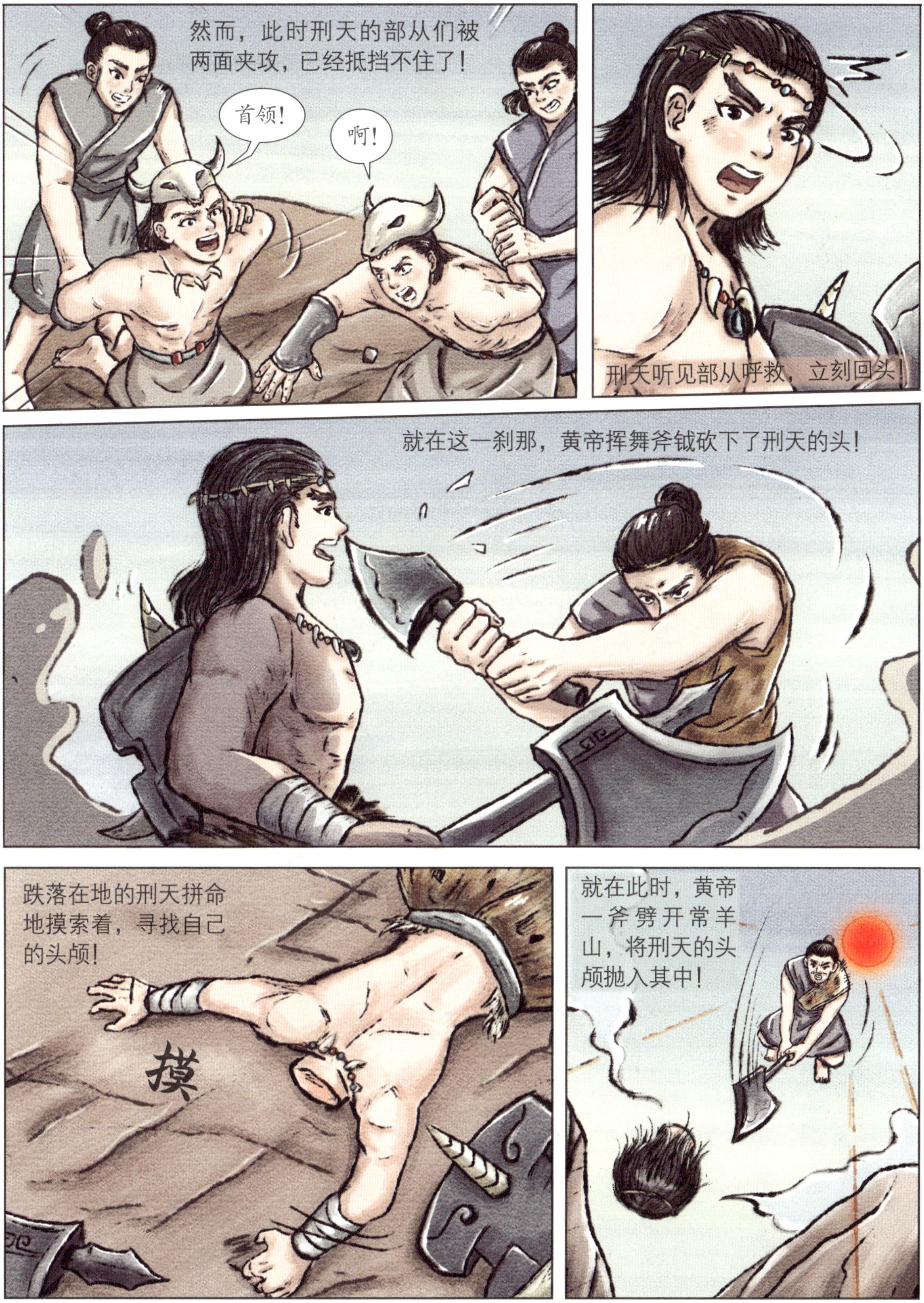
然而，此时刑天的部从们被两面夹攻，已经抵挡不住了！
首领！
啊！
刑天听见部从呼救，立刻回头！
就在这一刹那，黄帝挥舞斧钺砍下了刑天的头！
跌落在地的刑天拼命地摸索着，寻找自己的头颅！
摸
就在此时，黄帝一斧劈开常羊山，将刑天的头颅抛入其中！

胜利了！
得胜了！
大首领威武！
黄帝的部下见他们的首领战胜了刑天，不由得欢呼起来！
站起
然而，就在此时，没了头颅的刑天竟然从地上站了起来！只见他的双乳变成了眼睛，肚脐变成了嘴巴，左手执盾，右手执斧，挥舞不休。
轩辕氏，再来一决雌雄！
要不要杀掉他！
真是条坚韧不拔的汉子！
他已经掀不起什么大浪了，由他去吧！

常羊山一战，以黄帝获胜而告终。然而，失去了头颅的刑天却依然不肯认输，不断挥舞着兵器，表示他永远不会向黄帝臣服的决心……

神话传说

刑天

山海经·海外西经

刑天与帝争神，帝断其首，葬之常羊之山。乃以乳为目，以脐为口，操干戚①以舞。

样貌 奇异

性格 坚韧

天赋 善战

① 干戚：盾和斧。

悲伤的烛阴

山海经

在遥远的无启国东面，有一座神秘的钟山。
呼
呼
呼

呼
本来是秋天，怎么突然就下起了雪，简直比寒冬还要冷！
呼
这座山方圆百里都没有人烟。但是，在一个滴水成冰的夜晚，这里却来了一支贩卖货物的商队。
我要冻死了……这里的天就没亮过！
干粮都快吃完了。咱们不会饿死在这儿吧？
商队在这里走了不知道几天几夜，都没能走出这座山。终于，有几个年轻人沉不住气了。
就在这时候，为首的老商人发现远方出现了一点幽幽的火光。
看！前面应该有人家。

大伙儿在老商人的带领下，走了不知道多远，终于找到了火光的来源。
大家发现洞中亮如白昼。
有人吗？
山洞内没有人回应，只有低低的呜咽声。大伙儿壮着胆子走进山洞，发现一个老头儿正在哭泣。
老人家，你是谁，为何在这山洞里哭泣？
我是钟山山神，烛阴。
大伙儿见到这个悲泣的老人，怜悯之情油然而生。

大家听了烛阴的话，大吃一惊。
烛阴？那不是掌管四时和昼夜的神吗？
掌管四时和昼夜？
是啊！他睁开眼睛是白天，闭上眼睛是黑夜，吹气是寒冬，呼气是炎夏，一呼吸就成大风。
怪道这方圆数百里都没有白昼，全是冷冰冰的黑夜……原来是他一直在悲伤地哭泣。
原来如此！可是烛阴，你为什么在这里哭呢？
我那可怜的孩子被天帝杀死，尸体还被抛弃在荒郊野外，叫我怎能不伤心啊！
不关天帝的事。是我的儿子被恶人蛊惑，杀害了掌管不死药的葆江神，才落得如此下场。
大伙儿听了这话，都非常愤慨。
真可怜！天帝也太过分了。

世人都说我的儿子是个坏人，可是我知道，他还是很孝顺的……
呼
呼
烛阴哭得更悲伤了。随着他的抽泣，寒风更加肆虐，几乎到了滴水成冰的地步！
大伙儿冻得瑟瑟发抖，用力裹紧了身上的衣裳！
抖
抖
唉，老神仙，你也不要太伤心了。其实我听说，你的儿子并没有死。
啊？
这可怎么办？如果让烛阴继续哭下去，用不了多久，所有人就都得冻死在这儿！就在大家一筹莫展时，老商人站了出来。
是真的……我听说你的儿子并没有完全死去，而是变成了一只赤足白首的鸟儿，法力还很高强呢！

烛阴听了这话，非常惊喜！
真的吗？我的儿子没有死！
是啊，也许等他还清罪孽，天帝就允许你们父子俩相见了呢。
大家避让，我要出去活动活动筋骨。
烛阴听说自己的儿子还活着，心情顿时变得欢畅起来。
大伙儿只觉得一阵温暖的风吹过，浑身都暖洋洋的。
天地渐渐地亮了起来，寒冰融化，万物复苏！

在烛阴的指点下，大伙儿终于走出了钟山。

老大，你刚才和烛阴说的事情是真的吗？他的儿子真的变成鸟儿了吗？
唉……半真半假。他的儿子虽然变成了鸟儿，但是因为劣性难改，为祸人间，已经被捕杀了。
天呀，幸亏没告诉他。不然他又哭起来，我们全都得冻死在山里。
是啊。再说，他一个老人，也承受不起这种悲痛了。
商人们带着他们的货物来到了无启国。然而他们发现，时间竟然已经流逝了数十年了。
老大，看咱们箱子里的东西！
天哪，都腐烂了！看来烛阴所在的那座山中的时间和外边的时间不一样……

烛阴

山海经·海外北经

钟山之神，名曰烛阴，视为昼，瞑为夜，吹为冬，呼为夏，不饮，不食，不息，息为风，身长千里。在无启之东。其为物，人面，蛇身，赤色，居钟山下。

样貌 奇伟 **性格** 喜静

天赋 可变换阴阳四季

分布 钟山

相柳氏

山海经

天神共工有个臣子叫相柳氏，他身体像蛇一样，长着九个脑袋，习惯盘在山上。
相柳氏并不是什么好神，他性情凶狠，而且食量巨大，霸占着九座大山，所有的食物只许他自己享用。
可恶的是，相柳氏每到一个地方，都会吃掉大量生物，以至于被他扫荡过的山头都冷冷清清的。
嗝，这顿吃得好饱！
相柳氏每次饱餐后，都要吐出洪水，在山的周围形成沼泽和溪流。

更可恨的是，相柳氏吐出的洪水散发着恶臭，根本不能饮用，人和鸟兽饮用后都被毒死了。
大家不要喝，这水有毒！
吧嗒
吧嗒
生活在周围的鸟兽为了活命，纷纷逃离了这里。
定居在这里的人们为了活命，连夜召开部落会议，商量对策。
首领，相柳氏那个怪物已经扫荡了附近的山头，想必没几天就轮到我们这座山了，我们还是快逃吧！
往哪里逃？这可是我们辛辛苦苦建造的家园啊，不能就这么放弃呀！
有了，大禹正在附近治理洪水，听说他天生神力，不如我们去请他来帮忙，说不定能制服相柳氏！
这是个好办法，打败相柳氏，我们就不用离开家园了。
于是大家就去找正在附近治水的大禹来帮忙。
那相柳氏九头蛇身，别提多恐怖了，求您帮帮我们吧！
难怪洪水泛滥，原来是相柳氏在作怪，这忙我帮了！

大禹跟随众人来到部落里，部落首领看到大禹身躯威武，立马放下心来。不过，当他看到大禹手中的石斧时，却又担心了起来。
大禹，你想要用手中的石斧杀死相柳氏，恐怕很难！
有了，我收藏了一根龙筋，可以做把神弓。
那真是有劳大家了！
我家有一大块铜，可以做把巨斧。
于是大家开始忙活起来，有炼铜的，有烧火的，有做弓的。
乒
乒
很快，一柄铿光瓦亮的巨斧和一把威力十足的大弓就做好了。
请您收下吧，消灭相柳氏就靠您了！
诸位放心，我一定为百姓除掉这祸害！
告别了众人，大禹独自一人提着巨斧，扛着大弓向相柳氏出没的地方走去。

好臭！
大禹翻过几座山，爬到一座山顶上，果然看见半山腰上盘着一个九头蛇身的妖怪。只见他抬起九个脑袋，有的脑袋正在吞食山头上的鸟兽和野果，有的脑袋则向周围吐着脏水，一股臭气瞬间袭来。
正在这时，大禹抡起大斧，猛然跳了下去。
相柳氏，拿命来！
大禹一声怒吼，挥舞巨斧自上而下劈了下来，砍掉了相柳氏的两个脑袋，剩下的七个脑袋痛苦地嘶吼起来。
嗷！
疼！
敢偷袭我，自不量力！
相柳氏忍着疼痛，向大禹发起了进攻，只见他的七个脑袋同时袭来。
大禹一个跳跃，轻松躲过，然后一个回旋劈，又砍下了他的两个脑袋。

接下来，大禹连劈几斧，又劈下了他的四个脑袋。
唰
相柳氏根本不是大禹的对手，几个回合下来，只剩下了一个脑袋。
留得青山在，不愁没饭吃，我还是逃吧！
哪里逃！
只听“嗖”的一声，一支箭矢飞出。
啊！

伴随着嘶吼声，相柳氏重重地摔落在地，痛苦地死去了。
大禹除掉相柳氏后，百姓们都很高兴，于是更加爱戴他了。
不过，令大家没想到的是，相柳氏虽然死了，但他的血像污水一样，流向四面八方。被泡过的地方都散发着腥臭味，再也不能种植五谷了。大禹知道后，马上调集民众，把这些地方都填上新土，可是填了几次，却又塌陷了下去。无奈，大禹只好把这里挖成一个大池塘，并用淤泥在池塘边修建了几座高台，镇压妖魔。

相柳氏

山海经·海外北经

共工之臣曰相柳氏，九首，以食于九山。相柳之所抵，厥[1]为泽溪。禹杀相柳，其血腥，不可以树五谷种。禹厥之，三仞[2]三沮，乃以为众帝之台。在昆仑之北，柔利之东。相柳者，九首人面，蛇身而青。

①厥：通“掘”，挖掘。②仞：通“牣”，用东西填充。

样貌 怪异

性格 残暴

天赋 能吐洪水

分布 陆地

夸父逐日

山海经

远古时代，在极为荒远的地方，有一座叫成都载天的山。这里生活着一个巨人，名叫夸父。
夸父身材巨大，健硕无比。当他站起来时，就像一根直入云霄的柱子，当他坐下来时，又像一座小山。
夸父平时很热心，偶尔会帮附近的部落驱逐野兽，保护这里的人们。
驱赶

有一天，一群巨蟒跑到部落伤人。夸父知道后，立刻赶来驱赶。
巨蟒像宠物一样，老老实实地缠绕在夸父的手臂上。
一年夏天，天气非常炎热，太阳就像一个大火球，炙烤着大地，本该雨水充沛的夏天却滴雨未下。没几天，农作物便被烤死了，大地也裂开了一道道口子。
百姓们欲哭无泪，只能离开自己的家园，到别处讨生活。
你们为什么要搬家？
夸父神啊，我们也不想离开您，只不过这个夏天一滴雨也没下，太阳又十分毒辣，庄稼都给晒死了！
夸父知道后，十分气愤，埋怨起太阳来。
这太阳也太无情了，完全不顾百姓的死活。
太阳，我一定要捉到你，好好教训教训你！

夸父的怒吼就像雷声一样传遍了天下。只见他拔腿便向太阳的方向跑去。
唰
咚
夸父身形巨大，跑起来地动山摇，河水翻涌。夸父越跑越快，经过的地方形成一阵阵飓风，卷起漫天黄沙。
他跨过河流，越过高山，感觉离太阳越来越近了。
快要追到了！
跨
夸父，歇歇吧，不要追了！
沿途的人们不想失去这位朋友，纷纷站在高山上劝阻他。
我马上就要捉到太阳了，等我的好消息吧！

好渴，
好累！
夸父眼见离太阳越来越近，根本听不进劝，只管大步向前。不知道跑了多久，夸父累得汗流浃背，脚步也慢了下来。
咕咚
于是夸父跑到黄河岸边，俯下身，开始大口大口地喝水。
咕咚
夸父实在太渴了，一会儿工夫就把黄河水给喝干了。
咕咚
喝干了黄河水，夸父仍觉得口渴难耐，又跑到渭河，一口气把渭河水给喝干了。
喝干了渭河水，夸父还是觉得口渴。他向北跑去，想去喝大泽中的水。
渴，我要
喝水！

但太阳越来越热，像是故意跟夸父作对似的。夸父又渴又累，跑了很久也没有看到大泽。
大泽在哪里？
终于，夸父支撑不住了。他只觉头昏脑涨，视线越来越模糊。
轰隆
只听“轰隆”一声，大地颤动，四周荡起尘土。夸父倒下了，倒在了寻找大泽的路上。
夸父临死前，仍然想着造福人类，于是将自己的神力注入拐杖中，丢弃拐杖的地方后来长出了大片桃林，为路人遮荫。

夸父

山海经·海外北经

夸父与日逐走，入日①。渴欲得饮，饮于河渭。河渭不足，北饮大泽。未至，道渴而死。弃其杖，化为邓林。

样貌 健硕 **性格** 坚毅

天赋 奔跑

① 入日：渐渐追上了太阳。

受人爱戴的天吴

山海经

在西北茂密的原始森林里，住着一支名为“吴”的部落。部落的族人被神兽天吴护佑着，在深林中以狩猎为生。这一天，在天吴的带领下，族中所有的青壮年都来到了山间，准备伏击一群经常偷袭族落的野狼……
突然，不远处的树丛中传来轻微的响动，这细微的声响是天吴的行动信号！不待狼群反应，四面八方埋伏的吴人如潮水般涌了出来。
嗒
嗒 嗒
冲啊，捉住这群坏家伙！
走！快回家！
哈哈！今晚可以吃肉啦！
天吴非常矫健，见狼群要逃，一跃便将头狼狠狠踩在足下。吴人见此情景士气更加高涨，不一会儿就捉捕了整个狼群。

有了丰茂森林的馈赠，又有神勇的天吴指挥，靠山吃山的吴人从来没有饿过肚子。族人们都十分爱戴天吴，没有人怕他丑陋可怖的面貌，就连孩子也将他视为英雄。
我们回来了！今天打了一场胜仗！
天吴回来啦！
然而天有不测风云，一个夏季的夜晚，闪电划破了夜空，轰隆隆的雷声仿佛要把大地炸裂。突然天火降下，一簇火苗迅速点燃了万顷山林。好在机敏的天吴在灾难发生时就带领大家逃到了别处，但是吴人只能眼睁睁地看着火海吞噬了山林，也吞噬了他们的家园。
这可怎么办啊？我们没有家了！
没有山林了，动物也都烧死了，我们以后吃什么啊？
大火终于熄灭，家园已成焦土，大家看到这样的场景都不由失声痛哭起来，族人们的难过也深深刺痛了天吴的心。
这时，天吴下定决心，他要带着族人向东方迁徙，直到找到适合大家生存的地方！
大家不要哭了！我会带着大家找到新的家园！
呼
呼
呼
于是，在天吴的带领下，吴人踏上了找寻新家园的旅途。艰难困苦阻挡不住吴人的脚步，因为他们相信，天吴一定会带着大家重建家园。

终于，天吴找到了心仪之地。这里如同仙境一般，充满鸟语花香。河流蜿蜒流过，在不远处汇入大海，山林低矮却丰茂，土地松软又肥沃。于是，吴人便在此安营扎寨。
这里真美啊！
快看！好大的鱼！
只能捡到这些小鱼小虾了……
唉，这怎么吃得饱呢？
但是，不会游泳的吴人只能在浅水处捕鱼。
我一定会让大家再过上幸福安定的生活！
天吴看到这样的情景十分自责。因此他发誓要找出办法帮族人解决问题。
不就是水吗？不怕！
呸呸！海水真是又凉又咸！
或许我可以用尾巴排开水？不行！族人又没有尾巴！
天吴想到的方法就是教族人游泳，然而游泳对天吴来说也是一项巨大的挑战。他空有在陆地上奔跑起来健步如飞的强劲四肢，却从来没有下过水。喜怒不定的大海让天吴吃尽了苦头。

就这样，天吴每天都到海边练习游泳。这天，一个满面泪痕的少年急匆匆地跑来……
天吴！请你救救我爹爹吧！他要被海浪冲走了！
走！我去救他！
此时，已经有许多族人聚在岸边了。然而浪潮汹涌，谁也不敢下水营救。那落水之人的呼救声已经越来越弱，天吴不顾自己的“泳技”还未学成，就猛地冲进海里救人。
天吴！
小心啊！
在汹涌的波涛间，天吴奋力地划动四肢向落水之人游去。
救……咕噜咕噜……救命啊！
你……咕噜……你别怕！我来了！
天吴终于把落水之人安置在了自己的背上。奇迹般的，天吴感到海水不再排斥和抗拒他，他的身体竟渐渐变轻，四肢划起水来也像鱼儿一样轻松。
哈哈，我学会啦！我成功啦！
慢……慢点！
天吴将族人安全地送回了岸边，然而更重要的是，他要将游泳技术教给大家。
族人们！我已经学会了驾驭大海的方法，从明天起，大家都跟我操练起来。
好！我们愿意！
在天吴的带领下，吴人都学会了游泳。他们征服了汹涌的大海，得到了海中无尽的宝藏，海边成了他们繁衍生息的新家园。而受到越来越多人敬仰的天吴也成了水神。

天吴

山海经·大荒东经

有神人，八首人面，虎身十尾，名曰天吴。

样貌 丑陋

性格 神勇

天赋 狩猎与游泳

分布 吴人部落

各不相让

山海经

鞠陵于天
东极山
离瞀山
在大荒当中，有三座高山分别叫作鞠陵于天、东极山、离瞀山，都是太阳和月亮升起的地方。
有一位叫折丹的神人住在山上，每天观望日升月落，掌管风起风停。
沙
沙
今天天气晴朗，且去海上巡游一番，给北海换换气吧。
从东方吹来的风叫俊，俊听令于折丹。
是！

俊被折丹派遣到北海之后，开始吹拂水面，鼓动波涛。
呼
呼
呼
呼
狂放的俊玩得兴起，摆起衣袖，卷起巨浪！
呼
呼
滔天巨浪将鱼虾们高高抛向空中。
不堪折磨的鱼虾们跑到他们的海神——禺京面前，开始添油加醋地控诉起俊来。
天哪，那个叫俊的，把咱们北海弄得一团乱呀！
是啊！这里是您的地盘，可不能让那家伙来撒野啊！
那家伙压根没把您放在眼里！
禺京听到这些话，非常生气！
一个小小的风神，也敢来我北海猖狂！

怒不可遏的禺京驾着海蛇，气冲冲地找到了俊。
呼
呼
呼
干什么？
拴住
咕
敢来我北海撒野，自不量力！
咕噜
咕
玩得正高兴的俊还没意识到危险已经降临，就被禺京丢出的海带牢牢缠住，拖入水中。
就在俊快被淹死的时候，一声厉喝从天上响起。
小子！欺人太甚了吧！

折丹决心要惩罚猖狂的禺京，于是使出旋风，将禺京高高卷起，又让太阳炙烤他。
看你还敢不敢猖狂！
眼看禺京就要被晒死了，逃走的鱼虾们连忙跑到东海，去给禺虢报信。
糟了，小主人快被晒成肉干了！
咱们赶紧去告诉主人！
禺虢听到儿子被人欺负的消息后，勃然大怒。
老主人，呜呜呜，咱们的小主人被欺负了，眼看就要被烤死了！
什么？是谁这么大的胆子！
是那个该死的折丹！他说要把小主人烤死！
真是岂有此理，快带我前去营救！
就在禺京认错，折丹准备将他放下时，天空中突然乌云压顶。

禺虢看到自己的儿子被烤得奄奄一息，顿时怒从心头起！
折丹，你好大的胆子！京儿是我的儿子，轩辕黄帝的亲孙子，你胆敢对他用刑！
你的儿子又如何？你不严加管教，只能由我代劳了！
禺虢大怒，驱使着两条黄蛇，向折丹袭来。
折丹不愿打斗，于是拉起俊化作一股旋风离去。
两条大蛇扑了个空。禺虢扶起禺京，心中升起一个恶劣至极的主意。
哼，我让你们永世难见光明！

恼羞成怒的禺虢，竟然驱使黄蛇飞向日月。只见那两条黄蛇越来越大，张开巨口就将日月吞入腹中。
呼
呼

失去了日月的天地混沌无光，折丹和俊十分愤怒。他们唤起大风，吹打海面，逼迫禺虢交出日月来。
呼
呼

人间失去了日月的光辉，百姓们每天在呼啸的狂风中冻得瑟瑟发抖，艰难度日。
抖
苍天啊，你睁开眼睛看看吧！
这叫我们怎么活啊！
抖
黄帝听到了百姓们的呼唤，驾祥云来到海边。他发现自己的儿子和孙子让黄蛇吞噬了太阳和月亮后，大为震怒，立刻施法将禺虢父子、折丹和俊都抓了过来。
爷爷，您怎么帮着外人？是他们欺人太甚！
你们好大胆！还不将日月交出来！
你们四个作为天神，应该比凡人更为谨慎，怎能随意大动干戈，祸及众生？再有下次，决不轻饶！
四人听了黄帝的教诲，都羞愧地低下了头。
在黄帝的劝解下，四人冰释前嫌。日月重回天空，大地一片光明，凛冽的寒风也停了下来，化为和煦的春风。百姓们感戴黄帝的恩泽，高兴地跳起了舞蹈，唱起了歌颂黄帝的歌谣。

折丹

山海经·大荒东经

大荒之中，有山名曰鞠陵于天、东极、离瞀[①]，日月所出。有神名曰折丹——东方曰折，来风曰俊——处东极以出入风。

样貌 英俊 **性格** 不屈

天赋 操控风

俊

样貌 潇洒

性格 不羁

天赋 操控风

① 离瞀（mào）：山名。

禺虢

山海经·大荒东经

东海之渚[1]中，有神，人面鸟身，珥[2]两黄蛇，践两黄蛇，名曰禺虢[3]。黄帝生禺虢，禺虢生禺京。禺京处北海，禺虢处东海，是为海神。

样貌 奇特

性格 暴躁

天赋 驾蛇

禺京

样貌 丑陋

性格 暴躁

天赋 驾蛇

---

①渚（zhǔ）：水中的小块陆地。②珥（ěr）：（耳朵上）佩戴。③禺虢（yù hào）：海神名。

被惯坏的太阳

山海经

在遥远的甘渊，有一个美丽的女神。她的名字叫羲和。

羲和是帝俊的妻子，她嫁给帝俊后，生下了十个太阳。

帝俊掌管天上人间的所有事情，十分繁忙，总是没有时间陪伴妻儿。羲和独自抚养十个孩子，十分孤独寂寞。她将所有的爱都倾注到孩子们身上，把十个孩子惯得无法无天。

每天早上，羲和都要在甘渊中将孩子们洗干净。
阿妈，我是大娃呀，你怎么给我洗了两遍！
哎呀，我还以为是二娃呢。
洗完澡后，羲和便会将一个太阳交给奉命前来的鵷。
放下
鵷每天按时将太阳送到天上，又按时将他接下来，以保证黑夜和白天的交替。

在日复一日的日夜交替中，鸦发现小主人们越来越骄纵无理了。
哎呀，小主人，不要拔它的毛！三足乌会疼的！
拔
嘎！
哼，我高兴！
即使当着母亲的面，太阳们也一点都不掩饰他们的残酷。
兄弟们，有个蘑菇人！
真有意思，给他点颜色看看！
阿妈，我们把这蘑菇烤干了！
你们可真调皮！
看到羲和对此不以为意，鸦非常惊讶。
娘娘，我等虽为神祇，但也不能随意残害生灵啊。小主人此等作为，只怕太过暴虐了！
没想到羲和不但不制止，反而勃然大怒。
什么？我的孩子们是帝俊的儿子，调皮一点怎么了？

在羲和的纵容下，太阳们越来越无法无天了！
他们肆无忌惮地烤伤大地上的生灵。
对于每天都要有一个太阳上天照明这件事，
小太阳们表示很不满。他们想聚在一起玩。
要我说，咱们以后就不要再到天上去了！
可是鹓不会同意的。他准会去告状。
突然，一个太阳想出了一个主意。
那咱们就一起去天上！咱们每人骑一只三足乌，多威风啊！
第二天，得知太阳们要一起上天，可把鹓吓得不轻！
要你管！
不行，小主人，你们一起上去，会把大地烤焦的！

鵸急匆匆地将此事告诉羲和。可羲和的反应十分冷淡。
娘娘，如果十位小主人一起上天，那必定会给天下百姓带来数不尽的灾难啊！而且……而且说不定会遭天谴的！
胡说八道！他们上天玩玩又能怎样？
娘娘，您这样溺爱小主人，迟早会替他们招来灾祸的！
说完，鵸便无可奈何地离开了。
果然不出鵸之所料。还没等太阳们玩个痛快，就传来了九个太阳被羿射死的消息。
呜呜呜，阿妈！
怎么了，宝贝？
哥哥们都被羿用弓箭射死了！
什么?!

正在羲和万念俱灰，想找羿拼命时，帝俊出现在她眼前。
放开我！我要去找羿拼了！
你消消气……羿没有错，那张神弓是我给他的。
可是……可是我们的九个孩子就这样白白被羿射杀了吗？
羲和，这一次确实是你错了。咱们的孩子给天地万物带来了巨大的灾难，他们犯下如此大错，是该有这一劫啊！
我作为父亲，对孩子疏于教导；你作为母亲，对他们又太过溺爱。唉！咱们才是这件事的罪魁祸首，又怎么怪得了羿呢？
从那以后，帝俊和羲和专注地教导起了他们仅剩的小儿子。在他们的谆谆教诲下，这个太阳每天按时升起落下，为世界带来了稳定的光明。

鹓

山海经·大荒东经

有女和月母之国。有人名曰鹓①——北方曰鹓，来风曰㺮②——是处东北隅以止日月，使无相间出没，司其短长。

样貌 奇异

性格 勤劳

天赋 可控制日月

①鹓（yuān）：一种鸟名。 ②㺮（yǎn）：从女和月母之国吹来的风名。

十日

山海经·大荒东经

大荒之中，有山名曰孽摇頵羝①。上有扶木，柱三百里，其叶如芥。有谷曰温源谷。汤谷上有扶木，一日方至，一日方出，皆载于乌。

样貌 可爱

性格 顽劣

天赋 发光发热

羲和

山海经·大荒东经

有女子名曰羲和，方浴日于甘渊。羲和者，帝俊之妻，是生十日。

样貌 美丽

性格 傲慢

天赋 抚育

① 孽摇頵羝（jūn dī）：山名。

祖状之尸

在遥远的大荒，有一座古朴的神像。他的名字叫祖状尸。
早些年，大伙儿还供奉着祖状尸。可是见他一直不显灵，也就不再给他上供了。
我上次求他保佑我家老母猪多生几个猪崽，结果压根没用。
是啊，我指望他给我送个孩子，也没送来。
砰
备受冷落的神像，在风吹雨打之下，渐渐地变得破旧了。

可是有一个叫阿秋的小孩子却没有忘记祖状尸。她总是跑到祖状尸的脚边坐着，和他说话聊天。
其他孩子嘲笑阿秋时，阿秋总是会激烈地反驳。
笨蛋，祖状尸根本就不灵验！
胡说！我爷爷说了，祖状尸以前帮我们赶走过野兽，是我们部族的守护神！
如果祖状尸真的能赶走野兽的话，那你为什么不敢在这里睡一晚呢！你要是敢睡在这里，我就相信真的有祖状尸。
有什么不敢的！我今晚就睡在这里。
你还是快回去吧，山中的老虎已经吃掉好几个人了，留在这里小心被老虎吃掉！

倔强的阿秋果然没有回家。夜幕降临，她蜷缩在祖状尸的神像旁，准备在这里睡一晚。
我……我才不怕呢。
呼
呼
可是，听到丛林中呼啸而过的夜风和远远传来的咆哮声，阿秋还是害怕了起来。
抖
嗒
野兽的咆哮声越来越近，阿秋吓得大哭起来。
原来真的有老虎！

不等阿秋爬上神像，一只老虎
就从丛林中扑了出来。
吼
打滑
惊慌失措的阿秋脚
下一滑，险些直接
掉入虎口。
啊！
就在阿秋即将落入
虎口时，一只大手
稳稳地托住了她。

吓呆了的阿秋魂不附体地躺在祖状尸的手掌中。她万万没有想到，这尊斑斑驳驳、破损不堪的塑像竟然真的活了过来。
放下
祖状尸将阿秋轻轻放下。

老虎目露凶光，看见祖状尸也不惧怕，再次扑向阿秋！
然而，祖状尸可容不得它放肆！
捏起
丢
扑空
抡
逃走

阿妈！
你去哪儿了？妈妈担心死了！
当祖状尸和老虎打斗时，阿秋跌跌撞撞地逃回了家。
阿秋把祖状尸的事情告诉了妈妈，可是妈妈怎么也不肯相信。
阿妈，我差点被老虎吃掉！是祖状尸救了我。
傻孩子，你怎么说起胡话来了？
第二天天亮后，半信半疑的妈妈和阿秋来到了野外，可是她们看到的祖状尸依然是一尊雕塑，压根没有活过来的迹象。
你这孩子，怎么能骗人呢！
怎么会这样？昨天他明明活了的！
突然，阿秋大叫起来。
阿妈，你看他嘴里！
妈妈顺着阿秋指的方向看去，只见祖状尸的嘴里还叼着一根虎尾！果然，祖状尸能保护孩子的传闻不是在骗人。

祖状尸

山海经·大荒南经

有人方齿虎尾，名曰祖状之尸。

样貌 奇异
性格 勇猛
天赋 猎杀
分布 大荒

农神叔均

山海经

春回大地，又是播种的时节。然而百姓刚经历了战火，丧失了大批劳动力。眼看农时就要过去，还有大片田地尚未耕种。
即使农民日夜劳作，情况也没有得到改善。
该如何解决呢……
看到这样的情景，叔均也是愁眉不展。夕阳西下，百姓纷纷归家，只有叔均还坐在田间，冥思苦想。不知不觉间，他竟渐渐睡了过去。
我这是到了哪里？
原来不知怎的，叔均竟来到了天上，还见到了帝俊把种子传给后稷的情景。
后稷，你为凡间带去了耕种之术，实在是为民造福的善事一件。这里还有些瓜果的种子，你也一并带回凡间吧！

叔均虽然觉得神异，但他实在太过焦急，便跑上前去，向帝俊询问如何解决眼下劳动力不足的方法。
你随我来。
现在农人万分辛苦，然而早出晚归也耕不完那许多田地，田地眼看就要荒芜了，可怎么办啊？
你看看那些是什么？
是野牛！
别跑啊！
嗒
嗒

别跑！
嗒
嗒
就这样！
慢点！
想要让野牛在地里劳作，现有的农具肯定不行。于是叔均又开始绞尽脑汁，思考如何设计出给牛“使用”的农具。
怎么办呢？
哞——
马上就好……
成了！我这就通知乡亲们！
擦汗

叔均驯服了野牛，又成功制作出牛耕用具后，就将技术教给了百姓……
百姓们使用野牛进行耕种，效率果真大大得到提升。而叔均也成为名副其实的农神。

① 巧倕（chuí）：传说中尧时的巧匠。

叔均

样貌 英俊

性格 忠良温厚

天赋 耕种

山海经·大荒西经

有西周之国，姬姓，食谷。有人方耕，名曰叔均。帝俊生后稷，稷降以谷。稷之弟曰台玺，生叔均。叔均是代其父及稷播百谷，始作耕。有赤国妻氏。有双山。

山海经·海内经

帝俊生晏龙，晏龙是为琴瑟。帝俊有子八人，是始为歌舞。帝俊生三身，三身生义均，义均是始为巧倕①，是始作下民百巧。后稷是播百谷。稷之孙曰叔均，是始作牛耕。

顶天立地

山海经

上古时代，有一棵名为建木的参天大树。这棵树立于天地之间，是支撑天地的神木。
哈哈，这建木一折，天可就塌了！
然而，一群妖魔却想凿空这棵神树，使天地崩塌。
你说大王让我们日夜在这里凿树，真的有用吗？
嘘——小声点！让大王听见，你就没命了。
快点！误了大王的要事，你们谁能负责！

当妖魔们沉浸在自己的“伟大”幻想中时，一只听到了他们计划的青鸟趁着夜色悄悄飞走了。
我要马上禀告颛顼帝，可不能让他们阴谋得逞！
天神颛顼得知了妖魔邪恶的计划后，立即找来了自己的孙儿——重和黎。两位神人生得高大健硕又力大无穷，早就想做出一番事业。于是他们在青鸟的带领下匆匆赶往了凡间。
当二人来到凡间时，建木已经被妖魔凿得千疮百孔。
跳下

众妖魔见天神降临，纷纷躲进了树洞中。原来，狡猾的妖魔强迫百姓们居住到建木附近。他们认为就算计划败露，来讨伐的神人也会顾及百姓的安危而不敢出手。
躲起来！快躲起来！
抖
抖
这一招果然奏效，高大的重和黎怕激烈的战斗会伤害到无辜的百姓，只能与妖魔斗智斗勇。

树洞给了妖魔们“进可攻,退可守”的环境，使他们占了上风。
我……我戳你眼睛!
刺
啊!
咔
我咬死你!
啊!
嘶——
喀喀喀——
妖魔们的气焰越加嚣张，但被妖魔们戏耍的重和黎并没有被愤怒冲昏头脑。他们立即冷静了下来，想出了绝佳的应对方法。
哈哈!
吹
吹

受不了烟熏的小妖们纷纷逃离，临走前还撂下狠话。
别以为你们赢了！我们真正的杀手锏还没登场呢！
一个肥胖的巨人拖着一柄巨斧，用力砍在早已千疮百孔的建木上。
看我的！
砰
咔
咔
建木应声折断，而它支撑起的天空竟以势不可挡的趋势向大地沉了下来。
轰隆
轰

于是，重和黎决定凭自己的力量，将越来越下沉的天重新举起，将要与天相合的地向下按去。
撑起

在重和黎的神力下，天地赫然分开一条缝。这条缝还在不停地扩张，越来越宽……
事情终于尘埃落定，返回天界的重被颛顼任命为专门管理天的天神。
而留在地上的黎也被赋予了专门管理地的使命。
从此，世间没有了支撑天地的神木，却多了一棵在建木枯死的树桩上长出的，能带给人阴凉和甘甜果子的大树。
而人们也相信，在机智勇猛的重和黎的庇佑下，生活一定会越来越好……

重

山海经·大荒西经

颛顼①生老童，老童生重及黎，帝令重献上天，令黎印下地。

样貌 高大魁梧

性格 勇武

天赋 力大无穷

分布 重居天上、黎处地下

黎

① 颛顼（zhuān xū）：人名，五帝之一。

不死的三面人

山海经

在大荒中有座大荒山。大荒山高耸入云、林木繁茂，孕育了无数的生灵，也为依山而住的部族带来了无尽的财富。

然而，一支不知从何处迁徙来此处的部族竟打算抢占大荒山。他们垂涎于山林的茂盛，甚至还打了山下已经开垦好的土地的主意。虽然山下的部落人人善良淳朴，从不曾挑起争端，但是若有人来犯，他们还是会坚定地拿起武器，保卫家园。

自从部落遭到敌人入侵，族中的男子无论老幼都踊跃献出自己的力量。大家有的巡逻放哨，有的制作武器，有的用木头在部落外搭建了长长的围墙……但是敌人善战，即使族人拼尽全力，战火依然在大地上蔓延。
你说他们又在打什么主意？
说不好，总之肯定不是什么好主意！
然而不知怎的，敌人最近却放缓了步调，已经许久不发动攻击了。这让部落里负责放哨的两个年轻人大感奇怪。
快看我新做的长矛，石头做的矛头锋利无比。他们若再来进犯，我一定让他们好看！
这时，部落中传来的欢呼声打断了他们的交谈。二人见此时部落外风平浪静，便迅速返回部落想去凑个热闹。原来族人们正在为新武器而喝彩。
确实不错，咱们多找点人，把这种武器多做一些。
众人讨论间，首领带着巫师前来。大家都恭敬地让出了位置，毕竟首领是带领族人进行反抗的领袖，而巫师是部落里最长寿、见识最广博的人。
不好了！快跑！快跑！
突然，一阵疾呼打破了部落短暂的安宁，敌人竟不声不响地攻了进来。

首领虽被突如其来的进犯吓了一跳，但依然迅速地做出了反应。他立马疏散族人，并做好了战斗的准备。然而他也十分疑惑，敌人是怎么躲过巡逻人的眼睛，快速地攻进部落的呢？
大家快躲起来！往这边来！
哎哟！
敌人在哪里？
突然传来的狼嚎声似乎在回答首领的疑问，原来敌人竟驯服了野狼作为帮凶。
决不！
你们竟然与野兽为伍！
那又怎么样！不然你们乖乖投降？
随着一声咆哮，野狼风一般地冲向了人群！
上！
部落里顿时乱作一团……
啊！
我怕！
我可不怕你！

啪
被驯化的野狼看到头狼被刺穿胸膛，都夹起尾巴，疯狂逃窜。
哼！别得意，我们还会再回来的！
嗒
嗒
虽然敌人已经退去，但是族人们心里依然焦急不已。
首领，那些野狼速度太快，我们根本来不及反应啊！
首领，这可如何是好，想必他们一定不会善罢甘休的！

正在大家一筹莫展之时，巫师的话为大家带来了转机。
没听说过……
三面人是谁？
不如去大荒山试试运气，也许能请三面人来助阵！
随着巫师的讲述，三面人的形象在众人的脑海中清晰了起来……
那是一位长着三张脸、一条臂膀的神人，他常帮助弱小的部落，为他们打抱不平。不过，三面人的行踪不定，很难找到！
为了拯救部落，首领最终决定带领族人上山，请三面人来化解部落的危机。
首领，我们找了很久，为什么还是不见三面人的踪影？
不要放弃，为了拯救部落，我们哪怕爬遍所有的山头也要请到三面人！
听到他们谈话的三面人深受感动，便主动现身。
你们是在找我吧？

终于见到三面人了，首领激动地向三面人诉说了敌人的凶残和部落的艰难，并请三面人出手相助。
求神人救救我们部落吧！
好！看你们如此心诚，我就助你们一臂之力！
三面人的到来受到了部落所有人的热烈欢迎。族人们都认为有此神人的相助，一定可以将敌人赶跑。
太棒了！
有神人相助，我们一定会赢！
今晚该我休息了，你俩眼睛可要睁大点！
在三面人的号召下，部落里筑起了高台。三面人站在上面日夜瞭望。他的三个头轮流休息，无论何时总有两双眼睛在注视着远方。
远处的入侵者时刻监视着部落，自然也看到了三面人。
首领快看！他们似乎请了个神人助阵！
拉弓
只不过是只三脸怪物，看我不射死他！

雕虫小技！
哎呀！
敌人见三面人中箭身亡，便向部落发起攻击，甚至有人爬上了高台。
这三面人长得真奇怪！
拉我一把！
没想到倒在地上的三面人竟突然坐了起来。
啊！
快，快跑！
哼！你们中计了！我可是不死之身！

原来这都是部落的计谋！霎时间，火光四起，部落的将士们抄起武器，奋起反抗。
吃我一矛！
别跑！别跑！
野狼怕火，纷纷逃窜，而敌人也被长矛击退了。
啊！
敌人溃败后，部落的族人用泥塑了一座高大的三面人塑像，族人每每望着塑像，都会感到自豪与安心。而此战之后，再也没有人敢入侵这个勇猛的部落了。

神话传说

三面人

山海经·大荒西经

大荒之中，有山名曰大荒之山，日月所入。有人焉三面，是颛顼之子，三面一臂，三面之人不死，是谓大荒之野。

样貌 奇特

性格 正直

天赋 瞭望

分布 大荒山

涿鹿之战中，凭借着蓄水神力的应龙本是自信满满，却没想到蚩尤请来了风伯雨师与他对抗。
应龙不敌，眼看滔天洪水袭来，屋舍农田即将毁于一旦。女魃突然出现，她用尽神力，用干旱止住了洪水。
女魃救了万千百姓，自己却因耗费太多神力而无法回到天上，只能落入山间调养。
落下
我们的故事就从这座山与山下的村庄讲起……

一日，几名孩童在林中嬉戏。贪玩的他们越跑越远，不知不觉竟跑进了村民们避之不及的后山……
我怎么觉得咱们越走越远了啊，大人们说后山上有吃人的妖怪，咱们还是快回去吧！
哥哥我怕！
别听他瞎说，哪有什么妖怪，肯定是骗小孩子的！
噗——
啪
啊啊啊，有妖怪啊！救命啊！我不好吃，放过我吧！
你们是哪家的小孩儿，怎么跑到后山来了？
天马上黑了，顺着这条路直走就能下山，快快回家去吧！
嗒
姐姐是神仙吧！我能再来找你玩吗？
好啊！不过你可要答应我，不可以将见到我的事情告诉别人哦！
独自居住在后山的女魃早已感觉寂寞无聊，于是欣然答应了女孩的请求。

于是，找“神仙姐姐”玩成了孩子们最爱做的事。他们也都遵守约定，共同保守着秘密。
大家要留心脚下！
一日，孩子们玩得忘了时间。女魃决定亲自送他们下山。
救命啊！救……咕噜咕噜……命！
就在这时，变故突生！其中一个男孩竟然掉进了水流湍急的河里。
眼看前方就是漩涡，情急之下，女魃只好使出神力。顷刻间，方才还深不见底的小河就干涸得露出了河床。
神仙姐姐，你的翅膀好漂亮！你好厉害！
你没事吧？
你们快回村子吧！
转身
孩子得救了，女魃却开心不起来。她知道，自己的神力可能已经给山下的村子带来了灾祸。

此时，村子里已没了欣欣向荣的景象，大家神色匆忙地赶到了河边……
你说这到底是为何啊？
没了河水该如何灌溉，如何生活啊！
这河水怎么瞬息之间就干涸了呢？
是神仙姐姐……唔！
你刚才想说什么？
是……是住在后山上的神仙姐姐，她翅膀一挥，哗——水就都没有啦！
据说后山住着吃人的妖怪！
我们找她算账去！
翅膀一挥，水就都没有了？
什么神仙姐姐，怕不是妖怪！
我知你们因何上山，但请先听我讲讲这前因后果……
被愤怒冲昏头脑的人们纷纷举起火把，踏上“捉拿女妖”的山路。而女魃早在山间等待着大家的到来。

大家看着眼前的女魃，既没有锋利的爪子也没有尖利的牙齿，只是个弱小的女子，于是愈加大胆了起来。
啪
谁要听你这个妖怪废话！
快把我们的河水吐出来！
啪
否则我们就对你不客气了！
心中有愧的女魃本想设法弥补错误，但见他们如此咄咄逼人，不禁也发起火来。
这是怎么回事？
你们欺人太甚！看我不给你们点教训！
快看这些树叶！
百姓见不敌女魃，便去找叔均帮忙。
叔均知道此事后，立即禀报黄帝，向他寻求解决纠纷的办法。

女魃虽然脾气急躁，但造成这样的局面也不光是她的过错。
刚才说的方法可记住了？我任你为田神，前去解决此事吧！
唉……
此时，干旱已蔓延开去，越来越多的庄稼受到了波及。

叔均回来后，立马召集了村民，向他们传授了请走女魃的“咒语”，并命人清除水道，疏通沟渠。
女魃，不要再扩大旱灾了。庄稼颗粒无收，百姓饿死路边……这难道是你愿意看到的吗？
叔均安抚了百姓后，又急忙来到后山劝说女魃。
原来所谓的“咒语”不过是百姓们真心实意的相送，女魃在人们的劝解与祝福中飘向水道。
该与我一起回赤水之北了。
女魃，请你离去吧！
之前是我们误会你了，请原谅！
就在这时，三个孩子哭着跑了出来。
呜呜呜呜，我错了！
我舍不得你！
回去吧！
随着女魃的离去，大地又重现了生机……

女魃

山海经·大荒北经

有人衣青衣，名曰黄帝女魃①。蚩尤作兵伐黄帝，黄帝乃令应龙攻之冀州之野。应龙畜水，蚩尤请风伯雨师，纵大风雨。黄帝乃下天女曰魃，雨止，遂杀蚩尤。魃不得复上，所居不雨。叔均言之帝，后置之赤水之北。叔均乃为田祖。魃时亡之。所欲逐之者，令曰：『神北行！』先除水道，决通沟渎②。

样貌 美丽

性格 活泼、易怒

天赋 致旱

① 女魃（bá）：传说中的旱神。② 渎（dú）：沟渠。

噎鸣定十二月

山海经

在神州大地上，时光的流逝与岁月的变迁全都有迹可循。但是谁都没有发现规律，因此播种和收获的时间常常混乱。
农民们不知道何时才是劳作的最佳时机，常常早于春耕时节或是误了秋收时辰。在这片大地上，这样的“惨剧”时有发生。
也许我们也该播种了！
那种子会不会被冻死？
哈哈，我要是早点播种，一定能早点收获！
不好说！
怎么还没长出来？
过了许久，仍不见地里的种子发芽。
又过了许久，只有零星的种子发了芽，不过因为天气寒冷，又都被冻死了。
原来播种太早真的不利于种子发芽！
哎呀，看来这天还是太冷，我们晚些日子再播种吧！
怎么……怎么会这样！
大家都在收割，我看还是晚几天收割吧，也许庄稼还能长得更饱满呢。
晚收真的会使谷子更饱满吗？如果遇到风雨会怎样呢？
农田绝收后，胖子也饿成了瘦子。到了第二年，他吸取教训，不再早种，结果谷子长势非常好。可是他仍不满意，想着晚收几天，让谷子再长饱满些。
结果天有不测风云，几场风雨将谷子吹倒在地，谷穗都烂了。胖子管理的农田再次绝收。
看来谷子也要按时收，否则遇到坏天气可就糟了！
全完了！

族人的艰辛都被噎鸣记在了心里，他决心要想出办法，帮助大家解决问题。
噎鸣向来是个聪明的小孩，他善于观察生活，也爱动脑思考。
族人们日出而作、日落而息，是根据“天时”行动的。那么，天会不会也给了人们应该在何时耕种的启示呢？
于是，噎鸣开始关注天气的变化和族人劳作的关系。
昨天那场春雨让这片田地的庄稼都冒了芽，咱们没把种子种下去真是吃亏啊！
可是谁知道这春雨什么时候会下啊！
第一场春雨会帮助庄稼生长，那其他时候的雨呢？我要把下雨的日子都记录下来。
无论晴雨，噎鸣都会出现在田间观察农民的劳作；不管风霜，噎鸣也会来到地里观察庄稼的生长。
还好今年秋收及时，不然这场霜降一定会让谷穗减收！
唉，这只是碰巧。要是能提前知道什么时候会霜降就好了！
大地变寒冷就不再适合庄稼生长，我要把大地变冷的日子记下来！
这段时间会下雨……而这段时间最炎热……
噎鸣把自己的观察都记录在家里的墙上，父亲看到他的做法也没有加以阻拦。因为他也在暗暗期待噎鸣能替大家找出答案……

我只是一个小孩子，谁会相信我说的话呢？
就这样过了一年又一年，墙上刻满了噎鸣悉心观察的成果。在日复一日中，他终于掌握了天气的变化规律，也明确了天气变化对耕作的影响。噎鸣把一年的日子分成了十二个部分，并给它们取名叫作“月”，他相信“月”的发明一定能帮助到族人，但如何把自己的发明推广出去，却让噎鸣犯了难。

父亲，现在还不是播种的最佳时机！现在天气太冷，会把种子冻坏，第一场春雨还有半月才会降下呢！
这年开春，噎鸣看见后土扛着农具要去田间播种。查看自己的“记录”后，噎鸣立马拦下了父亲，并向他解释了原因。
虽然一时不能理解噎鸣的话，但是噎鸣日复一日艰辛地观察与记录，父亲都看在眼里。于是后土选择相信自己聪慧且有毅力的儿子。
好！就按你说的办！
噎鸣的父亲后土成了按噎鸣测算出来的“月”进行播种的第一人。
在众人忙碌的春耕时节，在令人喜悦的秋收时分，族人都会看到噎鸣陪在父亲身旁的小小身影。

根据噎鸣的方法，后土掌握了最佳的农时。他地里的庄稼长得最为茂盛，秋收时也收获颇丰。族人们见此情景，纷纷前来询问，想知道他种植庄稼有何秘诀。
你家庄稼咋长得这么好啊？
看你播种的时间比我们都晚，难道这就是秘诀？
你有什么秘密武器不成？
哈哈，这都多亏了噎鸣啊！

后土向大家讲述了缘由，知道真相的农民纷纷惊讶于噎鸣的聪慧，于是都来向噎鸣请教。噎鸣就把方法传授给了大家。就这样一传十，十传百。百姓再也不会弄错日子，但噎鸣并没有就此停止他的思考……

月亮的阴晴圆缺到底有什么规律呢？

噎鸣

山海经·海内经

共工生后土，后土生噎[1]鸣，噎鸣生岁十有二。

样貌 可爱

性格 聪慧

天赋 制十二月份

分布 部落

①噎（yē）鸣：人名。

鲧禹治水

山海经

大荒时代，洪水泛滥。面对着无穷无尽的洪灾，百姓们怨声载道，叫苦连天。
哗
哗
哗
哗

上天啊，我们到底做错了什么，要受这种惩罚！

鲧不忍心看到百姓受苦受难，于是做出了一个大胆的决定。
我要去天庭盗取天帝的息壤，用来治水。
很危险啊，首领，不要去！

为了百姓，顾不得许多了。等我的好消息吧！

鲧偷偷来到天庭，顺利地找到了存放息壤的宫殿。
悄悄
左右张望
趁着天帝的侍卫们打瞌睡时，鲧溜进宫殿，偷走了息壤。
逃跑
因洪水流离失所的百姓们看到从天庭返回的鲧，都十分惊喜。
大家不必担忧，我已经拿到了息壤，很快就可以平息水患了！
万岁！万岁！

只见鲧将息壤撒下，息壤立刻膨胀变大，形成一堵高墙。
轰
轰
轰

百姓们看见洪水被堵住，
都兴奋地跳了起来。
洪水被堵起来啦！我可以回家喽！
太好啦，太好啦！

大家正在高兴时，突然一个老者指着洪水喊了起来。
不好！洪水涨高了！
哗
哗

没有了！
洪水不断上涨，可是息壤已经用完了。
怎么办，怎么办？
大家别慌，我再去偷一点息壤……
为了堵住洪水，鲧决定再去天庭一趟。
可是，鲧的话音未落，就听到天空中传来一声怒斥。原来是祝融奉天帝之命来擒拿偷取息壤之人。
息壤丢了，果然是你偷的！天帝特派我来擒你！
请听我解释！是因为人间洪灾不断，所以我才斗胆偷息壤来治理洪水。
谁听你的解释！拿命来！
甩
啪

杀了鲧之后，祝融扬长而去。百姓们痛苦不堪，围在鲧的尸体旁痛哭。
鲧是为了治理洪水才丢掉性命的啊！
呜呜，呜呜呜……
没有人敢给鲧收尸，只能让他躺在郊外，日复一日地经受风吹雨打。可是说来也怪，历时三年，鲧的尸首却一点也没有腐烂，而且他的腹部还慢慢地鼓了起来，就像孕妇一样。
鼓
啪
怎么样？有动静吗？
百姓们发现了异样，但都不敢靠近。终于有一天，一个樵夫鼓足勇气靠近了鲧的尸体，拍了拍他的肚皮。
放我出去！
樵夫听见肚子里有人说话，非常惊讶。
快过来，里面有个小孩！

大伙儿七手八脚地将鲧的肚子剪开。让所有人大吃一惊的是，一个小孩从里面钻了出来。
应该算是他的儿子！太好了，鲧有后代了！
这是鲧的化身吗?
大伙儿不知道的是，这个可爱的小孩，在二十年后，将会是治水的一把好手。
他就是大名鼎鼎的大禹，因为他不懈的努力，终于疏通了洪水，划定了九州区域。

鲧

山海经·海内经

洪水滔天。鲧[1]窃帝之息壤[2]以堙[3]洪水，不待帝命。帝令祝融杀鲧于羽郊[4]。鲧复[5]生禹。帝乃命禹卒布土以定九州。

样貌 英俊

性格 无私

天赋 治水

①鲧（gǔn）：人名，禹的父亲。②息壤：一种神土，传说这种土能够生长不息，可以用来堵塞洪水。③堙（yīn）：堵塞。④羽郊：地名。⑤复：通“腹”。传说鲧死了三年之后，从腹中生下了禹。

大禹

样貌 英武

性格 坚毅

天赋 治水

创作团队

米莱童书是由国内多位资深童书编辑、插画家组成的原创童书研发平台。旗下作品曾获得 2019 年度“中国好书”，2019、2020 年度“桂冠童书”等荣誉；创作内容多次入选“原动力”中国原创动漫出版扶持计划。作为中国新闻出版业科技与标准重点实验室（跨领域综合方向）授牌的中国青少年科普内容研发与推广基地，米莱童书一贯致力于对传统童书进行内容与形式的升级迭代，开发一流原创童书作品，适应当代中国家庭更高的阅读与学习需求。

学术指导

盛文强

作家，《山海经》研究者

创作组成员

策 划 人：刘润东

原创编辑：刘彦朋　吴易蕊　李宗莉

统筹编辑：孙运萍

责任编辑：王丹　刘香玉

文字编辑：高爽

绘 画 组：石子儿

装帧设计：刘雅宁　张立佳　汪芝灵　胡梦雪

图书在版编目（CIP）数据

画给孩子的山海经. 山海神话 / 米莱童书著绘.
北京：北京理工大学出版社, 2024. 11.
(启航吧知识号).
ISBN 978-7-5763-4533-9

Ⅰ. K928.626-49

中国国家版本馆CIP数据核字第20240GS705号

责任编辑： 龙　微　　**文案编辑：** 邓　洁
责任校对： 刘亚男　　**责任印制：** 王美丽

出版发行 / 北京理工大学出版社有限责任公司
社　　址 / 北京市丰台区四合庄路6号
邮　　编 / 100070
电　　话 / (010)82563891(童书售后服务热线)
网　　址 / http://www. bitpress. com. cn

版 印 次 / 2024年11月第1版第1次印刷
印　　刷 / 雅迪云印（天津）科技有限公司
开　　本 / 710 mm x1000 mm　1/16
印　　张 / 10
字　　数 / 150千字
定　　价 / 38.00元